POETICAL WORKS

OF

CHAIRMAN MAO TSE-TUNG

Translated by

HSU YUAN-CHUNG

1972

CHANGSHA

Alone I stand in autumn cold,
    Of Orange Islet at the head,
Where River Hsiang goes north. Behold!

    Hills upon hills are all in red,
Woods upon woods in crimson drest,
    The river green down to the bed,
A hundred ships in speed contest.

Far and wide eagles cleave the blue,
    Up and down fish in shallows glide,
All creatures vie in freedom under frosty skies.

Moved by immensity, I wonder who,
    Upon this boundless earth, decide
All beings' fall and rise.

With many mates I oft came here.
How thick with salient days the bygone times appear!

When, students in the flower of our age,
    Our spirit bright was at its height,
Full of the scholar's noble rage,
    We criticized with main and might.

    Pointing at stream and hill,
Writing in blame or praise,
We treat'd like dirt all potentates of olden days.

    Do you remember still,
Reaching mid-stream, we struck waves to impede
The boats which passed at flying speed?

YELLOW CRANE TOWER

Nine wide, wide streams through the heart of the
    land out spread;
One long, long railroad links north and south like
    a thread.
Shrouded in grizzling mist and drizzling rain,
Tortoise and Snake hold the river in chain.

    Where is the yellow crane in flight,
    Leaving for visitors a site?
    I pledge with wine the endless flood,
    With rolling waves upsurges my blood.

Spring 1927

Over the heartland flow nine streams full to the
    brim;
From the north to the south threads one track long
    and dim.
Grizzling mist and drizzling rain blur the sight,
Snake and Tortoise hold the great river tight.

The yellow crane is gone no one knows where,
Leaving for visitors a tower there.
I pour libations on waves rolling by,
With them the flood in my own heart surges high.

MOUNT KING-KANG

Below the mountain flags on flags in sight,
    Atop mingle drum-beat and bugle-blast.
Besieged by hostile armies left and right,
    Aloft we still stand fast.

We've long since strongly guarded our forts,
    Like further walls our wills unite.
O'er Huang-yang-kai the cannon's loud reports
    Announce the foe's nocturnal flight.

                        Autumn 1928

Flags and banners in sight below,
    Drum-beats mingle atop with bugle-blast.
Besieged ring on ring by foe,
    Aloft we still stand fast.

Our fortress strengthened as before,
    Our wills form further walls.
O'er Huang-yang-kai the cannons roar:
    The foe flees as night falls.

                        Autumn 1928

THE WAR BETWEEN CHIANG KAI-SHEK AND THE KWANGSI CLIQUE

A sudden burst of wind and rain:
The warlords fight again.
Showering through the land but grief and pain,
They dream of reigning but in vain.

Red flags have leapt River Ting-kiang
And swept to Lung-yen and Shang-hang.
A part of golden globe in hand,
We're busy sharing out the land.

Autumn 1929

A sudden storm breaks out:
Again the warlords bring a war about,
Sowing distress and anger 'neath the sun --
Another dream that will end ere a meal is done.

Red flags have leapt River Ting-kiang
And swept to Lung-yen and Shang-hang.
A part of golden globe in hand,
We're busy sharing out the land.

Autumn 1929

THE DOUBLE NINTH FESTIVAL

Nature does not grow old as fast as man:
    Each year the Double Ninth comes round.
    And now the Double Ninth comes round,
How sweet are yellow flowers on the battleground!

And autumn reigns with heavy winds once every year,
        Unlike springtime.
        Far more sublime:
The boundless sky and land o'erspread with endless
    rime.

                October 1929

Nature ages not so fast as man: it seems the same
        On each Double Ninth Day.
        On this Double Ninth Day,
Yellow flowers on the battlefield are sweeter by a
    long way.

And autumn reigns with heavy winds once every year,
        Unlike springtime.
        Far more sublime:
The sky blends with the earth sprinkled for miles
    with rime.

                October 1929

NEW YEAR'S DAY

From Ning-hua to Tsing-liu and to Kuei-hua,
Deep forests, slipp'ry moss and narrow paths.
      Where shall we go today?
Straight to the foot of Mount Wu-yi below.
        Below, below,
Red flags unfurled like a scroll when winds blow.

                          January 1930

ON OUR WAY TO KWANG-CHANG

      The sky all white,
We march in snow, our ardor at a greater height.
      O'erhead loom crags,
We go through the strong pass with wind-frozen red flags.

      Where are we bound?
Towards the River Kan where snow is whirling round.
      Orders out yesterday,
One hundred thousand troops to Ki-an wend their way.

                          February 1930

FROM TING-CHOU TO CHANGSHA

Heavenly troops wage war in June on evil lords,
Ready to capture rocs and whales with long, long cords.
Beyond the River Kan a corner's kindled, thanks
To Huang Kung-lueh attacking the foe on both flanks.

Workers and peasants in their millions leap and bound,
Sweeping Kiangsi, on Hunan and Hupeh they pound.
The stirring strains of "the International" rise,
A furious storm comes down for our sake from the skies.

July 1930

OPPOSING THE FIRST SIEGE

Under a frosty sky all woods in gorgeous red,
The wrath of godlike warriors strikes the sky o'erhead
Mist shrouds Lung-kang and dims the thousand peaks
    about,
        All voices shout,
"Ah! Chang Hui-tsan is captured by our men ahead!"

Two hundred thousand troops invade Kiangsi again,
Raising a cloud of dust sky-high like hurricane.
Arouse a million workers and peasants to fight
        And to unite,
Below Mount Pillar red flags in the wildest flight!

Spring 1931

OPPOSING THE SECOND SIEGE

Atop the White Cloud Mountain the clouds seem to rear;
Below the White Cloud Mountain cry the foes for fear.
Like withered trees and rotten wood they try to near,
        Forests of guns appear,
Our winged warriors fall on them as from the sphere.

We've marched seven hundred li in days fifteen
From brimming River Kan to Fukien mountains green.
A thousand foes are swept away as a mat clean.
        Someone bewails unseen:
On forts built step by step, alas! he cannot lean!

                      Summer 1931

THE PLACE OF BIG CYPRESS

Red, orange, yellow, green, blue, indigo, violet, who
Is dancing with a multi-colored band in the blue?
After the rain the sinking sun is seen,
Moment by moment grows the land more green.

A furious battle raged then on this spot;
The village walls are still riddled with shot.
Dotted today with these traces of war,
The mountain pass looks fairer than before.

                      Summer 1933

HUI-CHANG

In the east day will break.
Do not boast of the early start you make.
We have trodden green mountains without growing old,
What view unique on this side we behold!

Chains of high peaks beyond the Hui-chang wall,
Before they join the eastern ocean, rise and fall.
Our warriors, pointing south, see Kwangtung loom
In a richer green and a deeper gloom.

Summer 1934

THE PASS OF MOUNT LOU

    The west wind blows so fierce,
The songs of wild geese pierce the frozen air beneath
    the morning moon.
        Beneath the morning moon,
    With broken steps steeds go,
    Like faint sobs bugles blow.

Fear not the iron-clad strong pass in view.
Now with big strides it is surmount'd anew.
        Surmount'd anew,
    Green mountains like the flood,
    The sunken sun in blood.

February 1935

THREE POEMS OF SIXTEEN WORDS

(1)

Peaks!
Whipping the steed without dismounting, I
Look back surprised
To be three-feet-three off the sky.

(2)

Peaks,
Turbulent sea with monstrous breakers white,
Or galloping steeds
In the heat of the fight.

(3)

Peaks
Piercing the blue without blunting the blade,
The sky would fall
But for this colonnade.

1934 - 1935

THE LONG MARCH

Of the trying long march the Red Army makes light:
Thousands of streams and mountains are but things they slight.
The five serpentine Ridges outspread like rippling rills
The lofty Wu-meng peaks tower but like mole-hills.
Against warm cloudy cliffs beat waves of Golden Sand;
With cold iron chain bridge River Ta-tu is spanned.
Glad to see the Ming Range snow-clad for miles and miles
The three armies who've crossed all break into broad smiles.

October 1935

MOUNT LIU-PAN

The sky is high, the clouds are light,
The wild geese flying south are out of sight.
The Great Wall not yet reached, a hero none could be.
Counting up, we've made twenty thousand li.

Of Mount Liu-pan, high at the crest,
Red flags wave in winds from the west.
With the long cord in hand today,
When shall we bind the Dragon Gray?

October 1935

MOUNT KUN-LUN

Stretched above the world, across the blue,
    Monster Kun-lun in white,
You've had all spring beauties on earth in view.

    Like three million jade dragons in flight,
You have chilled the sky through and through.

    In summer days when melts your snow
    And streams and rivers overflow,
Men would be turned to fish or turtles. Who,

    On the good and the harm you've done for ages,
Has ever passed judgement on you?

Kun-lun, I tell you now:
    You need not be so high,
Nor need you so much snow.

    Could I but lean against the sky
And draw the precious sword to cut you into three!

I would give to Europe your crest
And to America your breast
And leave in the Orient the rest.

In a peaceful world young and old
Might share alike your warmth and cold!

                                  October 1935

SNOW

See what the northern countries show:
    Hundreds of leagues ice-bound,
Thousands of leagues of flying snow!

Behold! Within and without the Great Wall,
    The boundless land is clad in white,
And up and down the Yellow River, all
    The endless waves are lost to sight.

Mountains like silver snakes in dance,
Highlands like wax elephants in advance,
    All try to match the sky in height.

    Wait till the day is fair
And see the rosy beauty drest in colors light,
    Enchanting past compare!

Our Motherland aglow with so much beauty
That countless heroes vied to pay her their duty.

    Pity both Ching Huang and Han Wu
        In culture not well bred
    And Tang Tsung and Sung Tsu
        In letters not wide read.

And Genghis Khan,
    The pride of Heaven for a day,
Knew only shooting eagles by bending his bows.

    They have all passed away;
        The real heroes are those
    Who will create today.

CAPTURE OF NANKING
BY THE PEOPLE'S LIBERATION ARMY

The Purple mountain changes color in the storm:
    A million mighty troops have crossed the River Long
    The crouching Tiger girt with Dragon ne'er so
        strong,
In what high spirits we're to see the world transform!
    Pursue the beaten foe with our courage unspent!
Do not fish like the Herculean King for renown!
    Heaven would have grown old if moved by sentiment;
The proper way on earth is going up and down.

                        April 1949

Over the Pruple Mountains sweeps a storm headlong:
Our troops have crossed the great river, a million
    strong.
The Tiger girt with Dragon outshines days gone by;
Heaven and earth o'erturned, our spirits ne'er so high.
With our courage unspent pursue the foe o'erthrown!
Do not fish like Hsiang Yu the Victor for renown!
Heaven would have grown old were it moved to emotions;
The world goes on with changes in the fields and
    oceans.

                        April 1949

TO MR. LIU YA-TSE

I've not forgot the tea which we drank at Canton
    Nor the verse writ beneath yellow leaves in
        Chungking.
After thirty-one years, back in the ancient town,
    I read your fine works 'mid falling blooms in
        late spring.
Do not grumble too much for fear your heart should
    break;
    Try to take broader views in judging anything.
Do not complain that shallow is the Kunming Lake.
    Better to watch fish there than on River Rich-
        Spring.

                                    April 29, 1949

REPLY TO MR. LIU YA-TSE

In China night was long and day was slow to dawn:
    Demons and monsters danced for ages a pit-pat
        dance;
Five hundred million people toiled in lands war-torn.

As soon as crows the cock, the world sees broad day-
    light:
    Music played far and near, songs from Khotan
        come here,
Our poets' verve attains unprecedented height.

THE SEASIDE
-- PEI-TAI-HO

A heavy rain falls on Yu-yen,
The heaven pelted by breakers white.
The fishing boats off Ching-huang-tao all lost to sight
In the vast expanse of the foaming sea,
Who knows where they can be?

Over a thousand years ago
Wei Wu came here, flipping his whip,
And left a poem on his eastern trip.
The autumn wind is blowing now as bleak as then,
But changed is the world of men.

Summer 1954

On northern lands a heavy rain is pouring,
Sky-high white waves are roaring.
Off Ching-huang-tao the fishing boats outgoing
All lost to sight in the wide, wide sea foaming,
Who knows where they are roaming?

Over a thousand years ago by the seaside,
Whipping his steed, Wu of Wei took a ride.
Verses on his eastern trip to Mount Stone still remain.
The bleak autumn wind is blowing again,
But changed is the world of man.

SWIMMING

Having relished a cup of Changsha water
        And then a dish
        Of Wuchang fish,

I swim across the long, long River, stretching my eye
To find the wide, wide Southern sky.

Braving wild winds and waves, I feel more pleasure
Than strolling in a yard at leisure:
    What freedom I enjoy today!

    The Master on a stream did say,
    "Thus pass all things away!"

    Sails in the wind go past,
    Tortoise and Snake stand fast;
        Great works are on the make:

A bridge will fly from north to south o'erthere,
Turning the natural chasm into a thoroughfare.

Stone walls will stand across the River in the west
To harness clouds and rains o'er Mount Witch's crest
    Until between steep cliffs emerges a placid lake.

The Mountain Goddess who still stands in view
Would marvel at a world all new.

                              June 1956

THE IMMORTALS
(WRITTEN FOR LI SHU YI)

I have lost Yang the proud and you have lost dear Liu,
Their souls as light as cloud fly up ninth heaven blue.
    What has the Woodman in the moon to offer them?
The Woodman brings out a nectar of cassia brew.

The lonely Goddess in the moon, large sleeves outspread,
Dances up wide, wide skies for these immortal dead.
    From the earth comes the news of the Tiger subdued,
In sudden showers fly down the tears that they shed.

                      May 11, 1957

I lost my Poplar proud, you lost your Willow dear,
Their souls as light as cloud fly straight up the
    ninth sphere.
    What has the Woodman of the moon to offer them?
The Woodman with a nectar of cassia appears.

The lonely Goddess of the moon, large sleeves outspread,
Dances in endless skies for these immortal dead.
    From the earth comes the news of the Tiger subdued,
In sudden showers fly down the tears that they shed.

                      May 11, 1957

GET AWAY, PEST!

(1)

In vain were many mountains green and rivers blue,
Against a little germ Hua To could nothing do.
Hundreds of hamlets saw men waste away 'mid weeds;
Thousands of dreary homes heard vampires sing their
    deeds.
Riding the earth, one goes eight myriad li a day;
    Ranging the sky, one sees from afar Milky Ways.
If the Cowherd inquired about the Plague God, say:
    "Old weal and woe alike have passed with bygone
        days!"

(2)

The vernal wind awakens myriads of willows,
    Six hundred million souls become Solomons all.
Red showers at our will turn into fertile billows;
    Green mountains are transformed to bridges at
        our call.
On five sky-scraping Ridges our silver spades we wield;
To our earth-moving iron arms three rivers yield.
We ask the God of Plague whither he wants to hie.
Burn paper boats with tapers for his flight on high!

                            July 1, 1958

THE PLAGUE GOD BANNED

(1)

To what avail were all these hills green and streams
    blue?
    A little germ defied the best physician's skill.
Hundreds of hamlets saw men waste where weeds o'ergrew;
    Thousands of dreary homes heard vampires sing
        their fill.
Riding the earth, one goes eight myriad li a day;
    Ranging the sky, one sees Milky Ways from afar.
If the Cowherd inquired about the Plague God, say:
    "Old weal and woe alike are gone as past days are!"

(2)

The vernal wind awakens myriads of willows,
    Six hundred million souls become Solomons wise.
Red showers, as we wish, turn into fertile billows;
    Green mountains, if we will, disappear where
        bridges rise.
Our silver mattocks fell five peaks touching the sky;
    Our iron arms remould three streams flooding the
        land.
We ask the God of Plague whither he wants to hie.
    Burn paper boats skywards to send away the banned.

SHAO-SHAN REVISITED

I curse the bygone days which dim as dreams appear:
    Thirty-two years ago when I left my home-land,
Red flags aroused the peasants to take up the spear;
    Black local tyrants brandished high the whip in hand.
More minds grow stronger for the martyrs' sacrifice,
    Daring to move the sun and the moon to new skies.
Happy I see now wave on wave of corn and rice,
    And here and there at dusk heroes home as smokes rise.

                        June 1959

UP MOUNT LU

A mountain stands in mid-air by the riverside,
Four hundred twists and turns lead to its crest green-dyed.
Cold looks may be cast on the world beyond the sea;
Warm winds sprinkle raindrops on the land 'neath the sky.
Clouds cluster o'er nine streams where the yellow crane flies;
Waves roll down three eastern valleys whence white smokes rise.
We wonder where the poet Tao might be found now.
In his Peach Blossom Land could he be at the plow?

MILITIA WOMEN
INSCRIPTION ON A PHOTO

Brave, bright, stout, strong, with rifles five feet
    long,
    At early dawn they shine on the drill ground.
Most Chinese daughters have a lofty mind,
    Glad to be battle-drest, not rosy-gowned.

                                      February 1961

THE GENIE'S CAVE
INSCRIPTION ON A PICTURE
TAKEN BY COMRADE LI CHIN

Vigorous pines, as viewed in twilight dim and low,
Remain at ease while tousled clouds fast come and go.
The Genie's Cave is wrought by Nature's proper hand,
The view from dang'rous peaks is infinitely grand.

                                      September 9, 1961

REPLY TO A FRIEND

Amid flying white clouds Nine Mysterious Peaks tower;
Riding the wind, the Queen comes down from the Green
    Bower.
Her bamboo cane was dott'd with tears she shed in
    showers;
Her pleated dress is spangled with clouds red like
    flowers.
Waves surge in Tung-ting Lake, a skyful of snowflakes;
Songs o'erflow on Long Isle, such rhymes that the
    earth shakes.
On wings of songs, I soar into space in my dreams
And see a Lotus Land bathed in morning sunbeams.

                                1961

Above the Nine Mysterious Mountains sail clouds white;
Riding the wind, the Princess comes down the green
    height.
Her bamboo cane was specked with copious tears she shed;
Her pleated dress is made of myriad clouds rose-red.
Tung-ting's waves surge like snow to level sky and lake;
Long Isle o'erflows with songs, rhymes to make the
    earth shake.
In view of this, I want to dream the wildest dreams --
A Lotus Land all bathed in the morning sunbeams.

REPLY TO COMRADE KUO MO-JO

With the rise of the wind-and-thunder storm on earth,
Out of white skeletons a Spirit had its birth.
The Monk might learn a lesson, though a foolish master;
The Spirit, being evil, surely brings disaster.
The Golden Monkey brandished his fabulous wand
And cleared all dirt and dust from the crystalline land.
We hail today the Monkey nicknamed "Heaven's Rival"
For again we see the mist-veiled Spirit's arrival.

         November 17, 1961

WINTER CLOUDS

Like cotton fluff fly winter clouds hard pressed by snow
All flowers fallen now, for a time few still blow.
In the steep sky cold waves are swiftly sweeping by;
On the vast earth warm winds gradually growing high.
Only heroes can hunt tigers and leopards down;
No brave man will be scared by bears or black or brown.
Even plum blossoms welcome a skyful of snow;
No wonder flies are frozen to death down below.

         December 26, 1962

ODE TO THE PLUM BLOSSOM

Then spring depart'd in wind and rain,
With flying snow it's back again.
Though icicles from beetling cliffs still hang miles
    long,
One flower sweet and fair is thereamong.

Though sweet and fair, with other flowers she won't
    rival,
But only hearlds spring's arrival.
When mountain flowers run riot for miles and miles,
Amid them she will be all smiles.

                           December 1961

Then spring depart'd in wind and rain;
    Now it comes back with flying snow.
Though hundred-feet-high cliffs ice-clad remain,
    One flower sweet and fair does blow.

Though sweet and fair, to spring she lays no claim,
    But only heralds spring's arrival. While
With flowers in full bloom the mountain is aflame,
    Among them she will be all smile.

                           December 1961

REPLY TO COMRADE KUO MO-JO

Upon this globe so small
A few flies are running against the wall.

They hum and squeak,
With pain they shriek,
With spasms they squall.

An ant would boast a locust was a big, big country.
How could a day-fly find it easy to shake one tree?

In Chang-an the west wind is blowing off leaves dying,
Whistling arrows are flying.

With much to do,
Always make haste!
Sun and earth turn,
No time to waste.

Ten thousand years are too long.
Seize but the day!

The four seas are stirred up by angry clouds and waves;
The five continents shaken by the storm which raves.

Sweep all vermins away!
Invincible for aye!

January 9, 1963

MOUNT KING-KANG REVISITED

Above the clouds I've long aspired to soar
And so I come up Mount King-kang once more.

A long trip brings me to my old familiar nook,
Where everything has taken on a new look.

Here orioles sing, there swallows swirl,
O'er there streams purl,
And cloud-capped roads lead to the sky.

But after Huang-yang-kai,
No perilous place will arrest the eye.

    The storm is raging
    With flags unfurled;
    Such is man's world.

Thirty-eight years are gone
As fast as a fillip is done.

We may bring down the moon from the ninth heaven,
Or catch turtles in the depths of the sea
And come back singing in high glee.

Of all difficulties on earth you may make light,
If you but dare to scale the height.

                                    May 1965

DIALOGUE BETWEEN TWO BIRDS

The roc spreads his wings and flies
    Ninety thousand miles, stirring up
A cyclonic storm. The blue skies

On his back, he looks down
And sees on earth but town and town.

With gunfire the sky is loud
    And by shells the earth is scarred;
The sparrow in his bush is cowed.

"What can be done? Alas the day!
I want to flit and fly away."

"May I ask where you want to go?"
    And the sparrow replies,
"To a fairyland with ivory towers.

"But don't you know two years ago
    When the moon lit the autumn skies,
A pact was signed by three big powers?

"Besides, they have for food
    Potatoes cooked
And beef well stewed."

"Shut up! You bet
Heaven and earth will be upset."

                                      Autumn 1965

CHANGSHA

In (the) autumn cold alone stand I,
    Of Orange Islet at the head,
Where River Hsiang northward goes by.

    I see hills on hills all in red,
And woods on woods in a deep dye,
    The river green down to the bed,
In speed a hundred bargès vie.

    Far and wide eagles cleave the sky,
Up and down fish glide o'er depths clear,
All creatures on a frosty day strive to be freer.

    Brooding over immensity,
I wonder in whose hand(s)
Is the fate of this boundless land.

With many mates I oft came here.
How thick with salient days those bygone years!

When, students in the flower of our age,
    Our spirit bright was at its height,
Full of the scholar's noble rage,
    We criticized with all our might.

    Pointing to stream and hill,
Writing in blame or praise,
We treat'd like dirt all mighty lords of olden days.

    Do you remember still,
Swimming mid-stream, we struck waves to impede
The boats which passed at (a) flying speed?

Far and wide eagles cleave the air,
Up and down fish glide o'er depths clear,
All creatures under frosty skies strive to be freer.

Brooding o'er immensity there,

CHANGSHA

Alone I stand in (the) autumn cold,
    On Orange Island's tip
Where River Hsiang flows north. Behold!

A thousand hills are crimsoned through
    By serried woods in a deep dye,
And over waters crystal blue,
    In speed a hundred barges vie.

    Eagles cleave endless clouds,
Fishes glide o'er depths clear;
All creatures under freezing skies strive to be freer.

Brooding o'er such immensity,
    I wonder, of this boundless land of crowds,
Who forges the destiny.

With a throng of companions I was here.
How vivid yet those crowded months and years!

We were students in the full pride
    Of our youth and our spirit bright,
With great enthusiasm we cast aside
    All the restraints by main and might.

    Pointing to streams and hills,
Writing to set the world afire,
We count'd no more than muck all mighty squires.

    Remember still,
Swimming mid-stream, we struck the waves to stay
The boats which sped their way?   (July 8, 1976)

We count'd the mighty no more than muck and mire.

YELLOW CRANE TOWER

Through the land flow nine streams full to the brim;
From south to north threads one line long and dim.
Shrouded in grizzling mist and drizzling rain,
Tortoise and Snake the great River restrain.(enchain)

> Where is the yellow crane in flight,
> Leaving for visitors a site?
> I pledge with wine the endless flood,
> With rolling waves upsurges my blood.

                                        March 18, 1976

MOUNT KING-KANG

Below the mountain flags and banners in sight,
    Atop mingle drum-beats and bugle-blast(s).
Besieged by hostile armies left and right,
    Aloft we still stand fast.

Our ramparts strongly guarded as before,
    Like further walls our wills unite.
O'er Huang-yang-kai the cannons roar,
    The foe (said to) have fled at night.

                                        March 20, 1976

Wide, wide through the land flow streams nine;
Dark, dark from south to north threads one line.

Banners and flags in sight below,
    Bugles and drums mingle atop, (above)
Besieged ring on ring by foe(s),   (Steadfast
    We still stand fast aloft. (we never move)

Our ranks as firm as rock, (before; 'fore)
    Our wills form a new wall.
O'er Huang-yang-kai the cannons roar,
    The foe (said to) have fled at night-fall.

THE WARLORDS QUARREL

A sudden veer of wind and rain:
The warlords fight again.
Sowing on earth but grief and pain,
They dream of reigning but in vain.

Red flags have leapt River Ting-kiang
And swept to Lung-yen and Shang-hang.
A part of golden globe in hand,
We're busy sharing out the land.

March 18, 1976

THE DOUBLE NINTH DAY

Man will grow old, but Nature seems the same
        On each Double Ninth Day.
        On this Double Ninth Day
Battlefield flowers smell sweeter by a long way.

Autumn reigns with strong winds once every year,
        Unlike springtime.
        Far more sublime,
The boundless land o'erspread with endless rime.

March 22, 1976

O'er River Ting red banners leap,
To Lung-yen and Shanghang we sweep.

NEW YEAR'S DAY

From Ning-hua to Tsing-liu, then to Kuei-hua,
Deep forests, slippery moss and narrow paths.
      Where shall we go
Today? Straight to the foot of Mount Wu-yi below.
        Below, below,
The wind unrolls red flags like scrolls.

                              March 25, 1976

ON OUR WAY TO KWANG-CHANG

          The sky is white,
We march in snow, our ardour at a greater height.
          O'erhead loom crags,
We go thru the strong pass with wind-frozen red flags.

         Where are we bound?
Towards the River Kan where snow is whirling round.
         Orders out yesterday,
One hundred thousand troops to Kian wend their way.

                              March 18, 1976

FROM TING-CHOU TO CHANGSHA

Heavenly troops wage war in June on evil lords,
Ready to capture rocs and whales with long, long cords.
Beyond the River Kan a corner glows red,
Thanks to our wing with Huang Kung-lueh at its head.

A million workers and peasants all upsurge,
Sweeping Kiangsi, into Hunan and Hupeh they break.
"The Internationale" singing the bourgeois' dirge,
A furious storm comes out of the blue for our sake.

        March 22, 1976

AGAINST THE FIRST "ENCIRCLEMENT" CAMPAIGN

Under a frosty sky all woods blaze red,
The wrath of godlike warriors strikes the sky o'erhead.
Mist shrouds Lung-kang and dims the thousand peaks about.
    All voices shout:
"Ah! Chang Hui-tsan is captured by our men ahead!"

Two hundred thousand troops invade Kiangsi anew,
Raising a cloud of dust into the blue.
Arouse millions of workers and peasants, unite
     In our fight,
And see red flags below Mount Pillar in wild flight!

        March 24, 1976

Arouse a million workers and peasants to take the gun
                Unit'd as one
What riot below Mount Pillar red flags will run!

AGAINST THE SECOND "ENCIRCLEMENT" CAMPAIGN

Atop Whaite Cloud Mountain clouds seem to rise;
Below White Cloud Mountain quicken their cries.
Withered tree and rotted branch make hard tries:
           Rifles come nigh;
But our winged warriors fall on them from the sky.

We've marched seven hundred li in days fifteen
From brimming River Kan to Fukien mountains green.
A thousand foes are swept away as a mat clean.
           Hear someone wail:
A bastion at each step, alas! of what avail?

                            March 24, 1976

THE PLACE OF BIG CYPRESSES

Red, orange, yellow, green, blue, indigo, violet; who
Is dancing with this colored ribbon in the blue? (air)
After the rain the sinking sun is seen (breaks thru),
Moment by moment grows the land more green (blue).

A furious battle raged that year,
Bullets riddled village walls here.
Dotted with today with these traces of war,
The mountain pass looks fairer than before.

                            March 24, 1976

HUI-CHANG

Dawn tinges the eastern skies.
Boast not you start before sunrise.
We have trodden green mountains without growing old.
What scenery unique here to behold!

Chains of high peaks beyond the Hui-chang wall(s),
Before they join the eastern ocean, rise and fall.
Our warriors, pointing south, see Kwangtung loom
In a richer green and a lasher gloom.

March 25, 1936

THE PASS OF MOUNT LOU

What wild west wind!
In wide sky wild geese cry 'neath the cold morning moon.
    'Neath the cold morning moon,
        Horses' hoofs clink, (Horses go out of step,)
    Bugles out of tune. (Bugles blow out of tune.)

Fear not the iron-clad strong pass ahead!
    Now with big strides cross it anew!
        Cross it anew
    To see mountains sea-blue,
The sunken sun blood-red.

April 6, 1976

What wild west wind! In the wide sky
The morning moon shivers at wild geese's cry.
    Under the frosty morning moon,
With broken steps steeds go,
Like broken sobs bugles blow.

Fear not the iron-clad strong pass in view;
Now with big strides surmount its head anew.
    Surmount its head
To see mountains sea-blue,
The sunken sun blood-red.

                      September 30, 1976

THREE POEMS OF SIXTEEN WORDS

(1)

Peaks!
Whipping the (swift) steed without dismounting, I
Look back surprised
To be three-feet-three off the sky.

(2)

Peaks,
Monstrous billows of a turbulent sea,
Myriads of steeds
In battle running at full speed.

(3)

Peaks
Piercing the blue without blunting the blade,
The sky would fall
But for this colonnade.

March 26, 1976

THE LONG MARCH

Of the trying long march the Red Army makes light:
Thousands of rivers and mountains are barriers slight.
The five serpentine Ridges outspread like rippling rills;
The pompous Wu-meng peaks roll by but like mud pills.
Against warm cloudy cliffs beat waves of Golden Sand;
With the cold iron chains River Ta-tu is spanned.
(Glad to see the Ming Range) snow-clad for miles and miles,
Our warriors who have crossed all break into broad smiles
Gladder to see Mount Ming

                             March 18, 1976

SPIRAL MOUNTAINS

The sky is high, the clouds are light,
The wild geese flying south are out of sight.
None of us are heroes but will reach the Great Wall.
Counting up, we've done twenty thousand li in all.

Of Spiral Mountain at the crest,
Red flags wave in the wind from the west. (banners)
With the long cord in hand today,   (wanton)
When shall we bind the Dragon Gray?

                             March 26, 1976

MOUNT KUN-LUN

Crosswise above the earth you rise,
    Kun-lun in white,
On all the world's beauty you have feasted your eyes.

    Like three million jade dragons in flight,
You have chilled through the skies.

    When summer melts your snow
    And rivers overflow,
For fishes men would become food.

But who can judge if you
Have done for ages more ill than good?

Kun-lun, I tell you now:
    You need not be so high,
Nor need you so much snow.

    Could I but lean against the sky
And draw the precious sword to cut you into three!

I would give to Europe your crest
And to America your breast
And leave in the Orient the rest.

In a peaceful world young and old
Might share alike your warmth and cold!

                                          March 28, 1976

SNOW

See what the northern countries show:
    Hundreds of leagues ice-bound,
Thousands of leagues of flying snow!

Behold! Withing and without the Great Wall
    The boundless land is clad in white,
And up and down the Yellow River,
    The endless waves are lost to sight.

Mountains like silver serpents dancing,
Highlands like waxen elephants advancing,
    All try to match the sky in height.

    Wait till the day is fair
And see the white-drest land bask in sparkling sunlight,
    Enchanting past compare!

Our Motherland so rich in beauty
Has made countless heroes vie to pay her their duty.

But alas! Ching Huang and Han Wu
    In culture not well bred,
And Tang Tsung and Sung Tsu
    In letters not wide read.

And Genghis Khan,
    Proudd son of Heaven for a day,
Knew only shooting eagles by bending his bows.

    They have all passed away;
        Real heroes are those
   Who will create today.

THE FALL OF NANKING

Over the Purple Mountain sweeps a storm headlong:
Our troops have crossed the great River, a million
    strong.
The Tiger girt with Dragon outshines days gone by;
Heaven and earth o'erturned, our spirits ne'er so high.
With our courage unspent pursue the foe o'erthrown!
Do not fish like the Herculean King for renown!
Heaven would have grown old were it moved to emotions;
The world goes on with changes in the fields and oceans.

March 18, 1976

TO MR. LIU YA-TSE

I cannot forget our tea-drinking at Canton
    Nor our verse exchanged 'neath yellow leaves in
        Chungking.
After thirty-one years, back in the ancient town,
    I read your fine verse 'mid falling blooms in
        late spring.   (break;
Do not grumble too much for fear your heart should
    Try to take longer views in judging anything.
Do not complain too shallow is the Kunming Lake.
    Better to watch fish there than on River Rich-
        Spring.

March 29, 1976

REPLY TO MR. LIU YA-TSE

In China night was long and day was slow to dawn:
    For a century ogres danced an orgiac dance;
Five hundred million people toiled in lands war-torn.

As soon as crows the cock, the world sees broad daylight:
    Music played far and near, songs from Khotan come here,
Our poets' verve attains an unprecedent'd height.

                        March 30, 1976

THE SEASIDE

On northern lands a heavy rain is pouring,
Sky-high white waves are roaring.
Off Ching-huang-tao the fishing boats outgoing
Are lost to sight in the wide, wide sea foaming.
Who knows where they are roaming?

Nearly two thousand years ago
Wei Wu came here, flipping his whip,
And left a poem on his eastern trip.   it was
The autumn wind is (blowing) now as bleak as then,
But changed is the world of men.

                        March 18, 1976

The night was long and dawn came slow to Crimson skies;
    For a century ogres whirled in a wild dance;
Broken were our five hundred million people's ties.

SWIMMING

Having relished a cup of Changsha water
        And then a dish
           Of Wuchang fish,

I swim across the thousand-mile long River,
    And as far as can see my eyes, (reach)
    I find the wide, wide Southern skies.

Braving wild winds and waves, I feel more pleasure
Than strolling in a yard at leisure:
    What freedom I enjoy today!

    The Master on a river said,
    "Thus pass all things away!"

    The wind rocks mast on mast,
    Tortoise and Snake stand fast;
    Great plans are being made:

A bridge will fly from south to north o'er there,
The chasm become a thoroughfare.

Stone walls will stand across the River in the west
To hold back clouds and rain o'er Mount Witch's crest
Until between steep cliffs emerges a placid lake.

The Mountain Goddess, safe and sound,
Would marvel at (a) new world all around.
           the

                          April 8, 1976

THE IMMORTALS
(REPLY TO LI SHU-YI)

I've lost proud Yang and you've lost Liu,
Their souls fly straight up into the blue.
    What has Wu Kang to offer them?
Wu Kang brings out a cassia brew.

The Goddess lone, large sleeves outspread,
Dances in the wide sky for these loyal dead.
    Earth reports the Tiger subdued,
Down shower (the) copious tears they shed.

                         March 31, 1976

SHAO-SHAN REVISITED

Dim as a dream recalled, I curse the bygone years,
    Thirty-two years have passed since I left my homeland.
The red flag roused the peasants to take up the spears;
    (The local tyrant held) the whip in his black hand.
Our minds grow stronger for the martyrs' sacrifice,
    Resolute to make sun and moon shed a new light.
What joy to see now undulate the fields of rice
    And here and there heroes come home in the twilight.
    (The despot held aloft)

                         April 1, 1976

GET AWAY, PEST!

(1)

Of what avail were many streams green and hills blue?
(In vain were many mountains green and rivers blue,)
Against a germ the physician could nothing do.
Hundreds of villages saw men waste away 'mid weeds;
Thousands of desert'd homes heard vampires sing their
    deeds.
Riding the earth, one goes eight myriad li a day;
Ranging the sky, one sees Milky Ways from afar.
If the Cowherd inquired about the Plague God, say:
"Old weal and woe alike are gone as past days are!"

(2)

The vernal wind awakens myriads of willows,
Six hundred million souls become Solomons all.
Crimson rain, as we wish, turn into fertile billows;
Green mountains, if we will, are transformed into
    bridges.
Our gleaming mattocks fell the five sky-scraping
    Ridges; (clinking)
Our iron arms move the earth furrowed with canals.
We ask the God of Plague whither he wants to hie.
Burn paper boats with tapers for his flight on high!

                                      April 2, 1976

THE PLAGUE GOD BANNED

(1)

To what avail were all these hills green and streams blue?
    A little germ defied the best physician's skill.
Hundreds of hamlets saw men waste where weeds o'ergrew;
    Thousands of dreary homes heard vampires sing their fill.
Riding the earth, one goes eight myriad li a day;
    Ranging the sky, one sees Milky Ways from afar.
If the Cowherd inquired about the Plague God, say:
    "Old weal and woe alike are gone as past days are!"

(2)

The vernal wind awakens myriads of willows,
    Six hundred million souls become Solomons all.
Crimson rain at our will turn into fertil billows;
    Green mountains are transformed into bridges at our call.
Our silver mattock fell five peaks touching the sky;
    Our iron arms remould three streams flooding the land.
We ask the God of Plague whither he wants to hie.
    Burn paper boats with tapers skyward and he's banned.
        to light the sky and he is banned.

                July 1, 1958

ASCENT OF MOUNT LU

A mountain stands in mid-air by the riverside,
Four hundred twists and turns lead to its crest green-
    dyed.
Cold looks may be cast on the world beyond the sea;
Warm winds sprinkle raindrops on mirrors of the sky.
Clouds cluster o'er nine streams where the yellow
    crane flies;
Waves roll down three eastern valleys whence white
    smokes rise.
We wonder where the poet Tao might now be found.
In the Land of Peach Blossoms could he plow the ground?

                                    April 3, 1976

MILITIA WOMEN

                                            (long,
Brave, bright, steady and strong, with rifles five feet
    At early dawn they shine on the drill ground.
Chinese daughters have high-aspiring minds,
    Glad to be battle-drest, not rosy-gowned.

THE GENIE'S CAVE

Vigorous pines, as viewed in twilight dim and low,
Remain at ease while riotous clouds fast come and go.
The Genie's Cave is wrought by Nature&proper hand,
The view from (dang'rous) peaks is infinitely grand.
            perilous

                                    April 3, 1976

REPLY TO A FRIEND

Amid sailing white clouds nine mysterious Peaks tower;
The Princesses come down with the wind from their green
    Bower.
Their bamboo is speckled with copious tears they shed;
Their pleated robes are made of myriad clouds rose red.
Waves surge in Tung-ting Lake, a skyful of snowflakes;
Songs o'erflow on Long Isle, rhymes to make the earth
    shake (rhymes of rumbling earthquakes).
On seeing such a scene, I dream of a grand one:
The Lotus Land is (The Land of Lilies) glowing in the
    morning sun.

                        April 4, 1976

REPLY TO COMRADE KUO MO-JO

With the rise of the thunder storm on earth,
To a Demon a heap of bones gave birth.
The Monk, though foolish, might be undeceived;
The Demon would wreak havoc as believed.
The Monkey brandished his fabulous wand,
All dust was cleared from the crystalline land.
We hail today the Monkey, Heaven's Rival,
For mist veils again the Demon's arrival.

                        April 9, 1976

ODE TO THE PLUM BLOSSOM

Then spring depart'd in wind and rain;
    Now it comes back with flying snow.
Though hundred-feet-high cliffs ice-clad remain,
    One flower sweet and fair does blow.

Though sweet and fair, to spring she lays no claim,
    But only heralds spring's arrival. While
With flowers in full bloom the mountain is aflame,
    Among them she will be all smile(s).

                        March 18, 1976

WINTER CLOUDS

                                              (snow,
Like cotton fluff fly winter clouds hard pressed by
All flowers fallen now, for a time few still blow.
In the steep sky cold waves are swiftly sweeping by;
On the vast earth warm winds gradually growing high.
Only heroes can hunt tigers and leopards down;
No brave man will be scared by wild bears black or
    brown.
Even plum blossoms welcome a skyful of snow;
No wonder flies are frozen to death down below.

                        March 18, 1976

REPLY TO COMRADE KUO MO-JO

On this globe so small
A few flies are running against the wall.

They hum and squeak:
With pain they shriek,
With spasms they squall.

An ant would boast a locust was a big, big country;
A day-fly could not find it easy to shake one tree.

In Changan the west wind is blowing off leaves dying,
Whistling arrows are flying.

So many things
Bear no delay.
Sun and earth turn,
Time flies away.

Ten thousand years are too long.
Seize but the day!

The four seas are stirred up by angry clouds and waves;
The five continents convulsed by the storm which raves.

Sweep all vermins away!
Invincible for aye!

April 4, 1976

Hear them hum
    Now drearily,
    Now wearily.

Hear their hum
Now drearisome,
Now wearisome.

With so much to do,
    We must e'er make haste.
As Sun and earth turn,
    There's no time to waste.

So many things
    Should soon be done.
Sun and earth turn,
    Time waits for none.

Many deeds should be done
    At the date earliest.
The earth turns round the sun,
    And for time we are pressed.
    So
    At the earliest date;
    For no man will time wait.

MOUNT KING-KANG REVISITED

Above the clouds I've long aspired to soar
And so I come up Mount King-kang once more.

A long trip brings me to my old familiar place,
I see new scenes the old replace.

Here orioles sing, there swallows swirl,
O'er there streams purl,
And cloud-capped roads lead to the sky.

But after Huang-yang-kai,
No perilous place will arrest the eye.

    The storm is raging
    With flags unfurled:
    Such is man's world.

Thirty-eight years are gone
As fast as a fillip is done.
We may bring down the moon from the sky or go after
    A turtle in the depth of five oceans
And come back 'mid triumphant songs and laughter.

Nothing is hard in any clime
If we but do our best to climb.

                        Sept. 25, 1976

Nothing is hard under the sky
If you but dare to climb up high.

Of all that's hard on earth we may make light,
If we but do our best to scale the height.

OEUVRES POÉTIQUES

DU

PRÉSIDENT MAO TSÉ-TOUNG

Traduites par

HSU YUAN-TCHOUNG

Nov. 1972

TCHANGCHA

Debout tout seul, par le froid de l'automne,
    Au cap de l'île des Oranges que
Le fleuve Siang allant au nord couronne,

Je vois flamboyer mille monts
    Tout couverts de forêts épaisses,
Sur le fleuve vert jusqu'au fond
    Cent bateaux lutter de vitesse,

Les aigles fendre l'azur infini,
    Les poissons glisser dans l'eau claire:
Tous êtres sous un ciel givré disputent de liberté.

Ému d'immensité, je me demande qui
    Sur cette vieille, vaste terre
Tient le sort de l'humanité.

Avec maints compagnons je visitais ce lieu.
Que de jours saillants au temps vieux!

Camarades d'école dans la fleur de l'âge,
    En floraison d'esprit brillant,
Nous critiquâmes à la rage,
    Pleins de fougue d'étudiant.

    Montrant le beau pays du doigt,
Semant des écrits incendiaires,
Nous fîmes fi de tous potentats de naguères.

    Ne vous souvient-il pas
Qu'à mi-fleuve les vagues soulevées
Ont entravé les barques envolées?

LA TOUR DE LA GRUE DORÉE

Neuf cours d'eau vont au coeur du pays à pleins bords;
Une ligne infinie joint le sud et le nord.
Voilé de brume dense et de bruine drue,
Le grand fleuve est étreint par Serpent et Tortue.

Qui sait où est allée la grue dorée,
Laissant aux visiteurs la tour vidée?
J'arrose de vin les flots impétueux,
Un flot dans mon coeur s'élève avec eux.

le printemps 1927

LES MONTS KING-KANG

Drapeaux et étendards en vue au bas du mont,
Trompettes et tambours en haut mêlent leurs sons.
Assiégés par les rangs ennemis innombrables,
Quand même nous restons inébranlables.

Dejà bien défendus remparts et citadelles,
La volonté de tous fait muraille nouvelle.
Autour de Houang-yang-kai le canon retentit,
Annonçant que la nuit décampe l'ennemi.

l'automne 1928

LA GUERRE ENTRE TCHIANG KAI-CHEK ET LA CLIQUE DU KOUANGSI

Un orage éclate soudain:
    Les barons rallument la guerre,
Semant au monde rien que du chagrin --
    Encore un rêve éphémère.

Ting-kiang franchi par nos rouges bannières,
    On attaque droit Loung-yen et Chang-hang.
Remis en main un coin doré de terre,
    On s'occupe à répartir les champs.

                      l'automne 1929

LA FÊTE DU DOUBLE NEUF

L'âge se montre moins sur le ciel que sur l'homme:
    Le Double Neuf vient tous les ans.
    Au Double Neuf, jour où nous sommes,
De fleurs jaunes le champ de bataille est fragrant!

Annuellement l'automne règne au vent rapide,
        Différent du printemps.
      Encore plus splendide:
Les vastes terre et ciel voilés de givre blanc.

                      octobre 1929

LE JOUR DE L'AN

De Ning-houa à Tsing-lieou et à Kouei-houa,
Sentiers étroits, mousse glissante, bois profonds.
Où dirigeons-nous aujourd'hui nos pas?
Mais tout droit vers Wou-yi, en bas des monts.
En bas des monts, en bas des monts,
Comme un tableau le vent déploie nos rouges pavillons!

janvier 1930

AU COURS DE LA MARCHE SUR KOUANG-TCHANG

Le ciel tout blanc,
Dans la neige l'armée marche plus ardemment.
En haut un pic se dresse,
Le drapeau rouge au vent franchit la forteresse.

Où va cette colonne?
Vers le fleuve Kan où la neige tourbillonne.
L'ordre hier donné,
Sur Ki-an marchent cent mille serfs et ouvriers.

février 1930

DE TING-TCHEOU À TCHANGCHA

En juin l'armée celeste châtie les démons,
Prête à lier les vautours et dragons
D'une corde de mille pieds de long.
Et un coin au delà du fleuve Kan flamboie
Grâce à l'aile d'armée que Houang Koung-lué déploie.

Un million de paysans et d'ouvriers
Vont par sauts et par bonds, le Kiangsi balayé,
À l'assaut du Hounan et du Houpé.
On chante l'émouvante "Internationale,"
Un vent celeste souffle pour nous en rafale.

juillet 1930

LA LUTTE CONTRE LE PREMIER ENCERCLEMENT

Le ciel givré s'embrase des forêts touffues,
Le courroux des guerriers celestes fend les nues.
Loung-kang à mille pics de brume enveloppé,
          D'une voix on a crié,
"En avant Tchang Houi-tsan même est fait prisonnier!"

Au Kiangsi reviennent deux lacks de gens de guerre,
Soulevant à mi-ciel flot sur flot de poussière.
Éveillez paysans et ouvriers par millions,
          Luttez à l'unisson,
En bas du mont Pilier un tourbillon de rouges
    pavillons!

le printemps 1931

LA LUTTE CONTRE LE SECOND ENCERCLEMENT

En haut du mont Nue Blanch' la nue veut se dresser ;
En bas du mont Nue Blanche on crie de se presser.
Une forêt de fusils, arbres desséchés,
        S'efforce d'approcher,
Soudain des nues s'abattent nos guerriers ailés.

Ayant en quinze jours parcouru sept cents lis
Des monts verts du Foukien au fleuve Kan pâli,
On a fait table rase de mille ennemis.
        Quelqu'un gémit,
"À quoi bon tous ces camps pas à pas établis!"

                          l'été 1931

AUX GRANDS CYPRÈS

Rouge, orangé, jaune, vert, bleu, indigo, violet :
Quel danseur au ruban dans le ciel apparaît?
Après la pluie vient le soleil couchant,
Le mont exhale un flot vert frais de temps en temps.

Jadis un dur combat en ce lieu fit rage ;
Les balles ont criblé les murs de ce village.
Décoré aujourd'hui de ces traces de guerre,
Le mont au défilé est plus beau que naguère.

                          l'été 1933

HOUI-TCHANG

L'aube effleure à l'est l'horizon.
    Ne dites pas qu'on part de trop bonne heure.
Nous avons sans vieillir parcouru tous ces monts,
    La vue d'ici est on ne peut meilleure.

Une chaîne de faîtes sourcilleux ondoie
    Au delà de Houi-tchang jusqu'à la mer d'orient.
Nos guerriers se montrent le sud où verdoie
    Le Kouangtoung avec un ombrage luxuriant.

                              l'été 1934

LE DÉFILÉ DU MONT LEOU

    Le vent de l'ouest fait rage,
Les oies sauvages crient sous la lune au matin gelé.
      Sous la lune au matin gelé,
    Les pieds vifs des chevaux font du tapage,
    Le clairon rend un son voilé.

Ne craignez pas la forteresse cuirassée!
Maintenant à grands pas la voilà surmontée.
      La voilà surmontée,
    Les monts sont verts comme une mer,
    Et le couchant couvert de sang.

                              février 1935

TROIS POÈMES À SEIZE MOTS

(1)

Montagnes!
Je fouette mon coursier sans quitter les étriers,
Tournant les yeux,
Surpris de toucher les cieux.

(2)

Montagnes,
Énormes vagues dans une mer démontée,
Myriades de coursiers
Galopant dans une bataille acharnée.

(3)

Montagnes
Perçant la voûte azurée sans s'ébrécher,
Le ciel tomberait
Sans le soutien de ces piliers.

1934 - 1935

LA LONGUE MARCHE

L'Armée Rouge ne craint pas les longues campagnes:
C'est peu que mille fleuves et mille montagnes.
Les Cinq Chaînes ondulent comme rides d'eau;
Les Wou-meng colossaux nous semblent des monceaux.
Battues du Sable d'Or, les roches sont chauffées;
Tendues sur le Ta-tou, les chaînes sont gelées.
La vue de neige immense au mont Min nous ravit,
Les trois armées radient après l'avoir franchi.

octobre 1935

LE MONT À SIX DÉTOURS

Le ciel est haut et claires sont les nues,
Les oies sauvages volent au sud hors de vue.
Nul n'est homme qui vaille à moins d'atteindre la
    Grande Muraille;
On compte trois mille lieues parcourues.

Après les six détours, au pic du mont,
Au vent d'ouest les drapeaux à l'abandon.
Aujourd'hui une longue corde en main,
Quand capturera-t-on le vieux Dragon?

octobre 1935

L'Armée Rouge n'a pas peur des longues campagnes:
C'est peu que mille fleuves et mille montagnes.
Les Cinq Chaînes ondulent comme rides d'eau;
Les Wou-meng colossaux nous semblent des monceaux.
L'eau du Sable d'Or chauffe les rocs perçant les nues;
L'air gèle au Ta-tou lespont en chaînes tendues.
Ravies de voir le Mont Min neigeux sur mille li,
Nos trois armées rayonnent après l'avoir franchi.

LES MONTS KOUEN-LOUEN

Allongé en l'air, dominant la terre,
    Kouen-louen géant,
Vous avez vu au monde toutes beautés printanières.

    Trois millions de dragons volants de jade blanc,
Vous avez transi la voûte azurée entière.

    Pendant l'été que votre neige fond
Et déborde les fleuves et rivières,
    Des gens seraient réduits en tortues ou poissons.

Sur vos bienfaits et méfaits millénaires,
    Qui donc aurait porté le moindre jugement?

    Kouen-louen, je vous dis maintenant:
        N'ayez ni pics si hauts
    Ni cimes si neigeuses!

Puissé-je, m'appuyant au ciel le dos,
    Tirer l'épée précieuse
Pour vous couper en trois tronçons égaux!

    J'en donnerais un à l'Europe,
        Un autre à l'Amérique
    Et le reste aux pays orientaux.

    Sur notre globe pacifique
Tout le monde partage le froid et le chaud.

LA NEIGE

Quelle vue aux pays du nord:
    Cent lieues de la glace scellées,
    Mille lieues de neige en volée!

De la Grande Muraille, en dedans, en dehors,
    Rien qu'une immense blanche étendue;
Du fleuve Jaune, en amont, en aval,
    Plus de flots impétueux en vue.

Montagnes, serpents argentins en danse,
Plateaux, éléphants de cire qu'on lance,
    Tous essaient d'égaler le Ciel en hauteur.

    Par un jour de soleil,
  Voyez la rougeur voilée de blancheur,
    Attrait fascinant sans pareil!

La Patrie est si charmante et si belle
Que bien des héros s'inclinaient à l'envi devant elle.

    Mais Tchin Houang et Han Wou
      N'étaient pas forts en lettres;
    Et Tang Tsoung et Soung Tsou
      De l'art n'étaient pas maîtres.

Gengis Khan, orgueil de son temps,
Ne savait que tirer son arc sur l'aigle grand.

    Mais ils sont tous passés;
  Les vraiment brillants personnages
  Sont ceux qui créent notre âge.

                          février 1936

L'OCCUPATION DE NANKIN
PAR L'ARMÉE POPULAIRE DE LIBÉRATION

Dans l'orage le mont Pourpre a pris couleur neuve:
Un million de guerriers ont franchi le grand fleuve.
Tigre assis et dragon lové jamais si forts,
Terre et ciel transformés, quels triomphe et transport!
Poursuivez les vaincus de force inépuisée!
Méprisez le Vainqueur grisé de renommée!
Un ciel attendri se ferait bientôt vieux;
La loi du monde c'est qu'il tournerait à mieux.

avril 1949

À M. LIEOU YA-TSÉ

Je n'oublie pas qu'on a à Canton fait du thé
   Et des vers à Tchoungking sous les feuilles jaunies.
Après trente et un ans je revois la cité
   Et en défloraison lis votre oeuvre jolie.
Ne vous plaignez pas tant à vous briser le coeur.
   Il faut voir largement quant aux choses du monde.
Quoique le lac Kouenming manque de profondeur,
   Mieux que le Printemps Riche, en poissons il abonde.

le 29ᵉ avril 1949

RÉPONSE À M. LIEOU YA-TSÉ

En Chine longue nuit et jour lent à venir:
En cent ans les démons dansèrent à ravir;
La famille à cinq cent millions ne put s'unir.

Au chant du coq jaillit la lumière au monde,
À Khotan comme ailleurs la gaie musique abonde,
Les poëtes en verve on ne peut plus féconde.

                        octobre 1950

AU BORD DE LA MER
-- PEI-TAI-HO

Une pluie diluvienne tombe au septentrion,
    Les vagues blanches à l'assaut des nues;
Les barques de pêcheur de Tchin-houang-tao s'en vont.
    Sur l'empire des ondes on les perd de vue.
Qui sait où elles sont?

Il y a plus d'un millénaire
    Wé Wou vint à l'est à cheval,
Laissant des vers sur sa visite au mont de Pierre.
    Triste comme jadis est le vent automnal;
Mais différente est notre terre!

                        l'été 1954

LA NAGE

J'ai pris à Tchangcha du breuvage
    Et puis à Woutchang du poisson.

Je traverse à la nage
    Le grand fleuve de mille lieues de long;
Aussi loin que mes yeux voient,
    Les cieux du Sud se déploient.

Bravant le vent, fendant les flots, j'éprouve
    Plus de plaisir que dans un tour
    Fait à loisir dans une cour;
Au large aujourd'hui je me trouve!

    Le Maître sur un fleuve dit,
    "Tout passe ainsi!"

    Les voiles vont au vent,
    Pas Tortue ni Serpent;
    On voit de grands ouvrages:

Un pont en vol qui sud et nord unit,
    Faisant de l'abîme infranchissable un passage;

Et des murs de pierre en amont bâtis,
    Bridant du mont Sorcier et pluie et nuage,
Formant aux gorges escarpées un lac uni.

La Déesse qui jouirait de bonne santé
S'étonnerait d'un monde tout changé.

                      juin 1956

LES IMMORTELS
RÉPONSE À LI CHOU-YI

Tu as perdu ton Saule et moi mon fier Peuplier,
Leurs âmes droit s'envolent jusqu'à l'Empyrée altier.
    Qu'a le Bûcheron pour leur faire accueil?
Il leur apporte un nectar de cassier.

La Diane solitaire, larges manches déployées,
Dans la voûte azurée, danse pour ces âmes dévouées.
    Apprenant que le Tigre est vaincu sur la terre,
Tout d'un coup se répandent leurs pleurs en ondées.

                      le 11e mai 1957

Tu as perdu Lieou, moi Yang mon orgueil,
    Leurs âmes s'envolent jusqu'au neuvième ciel.
Qu'est-ce que Wou Kang a pour leur faire accueil?
    Il leur apporte un nectar de miel.

Larges manches déployées, Tchang O solitaire,
    Dans la voûte azurée, danse pour ces âmes dévouées.
Apprenant que le Tigre est vaincu sur la terre,
    Tout d'un coup se répandent leurs pleurs en ondées.

                      le 11e mai 1957

ADIEU, PESTE!

(1)

Il y avait tant d'eaux bleus et de monts verts en vain:
   Contre un germe petit ne put rien le grand mire.
Dans cent hameaux herbus se minaient les humains;
   Sous mille toits vidés chantaient bien des vampires.
Sur terre on va par jour quatre-vingt mille lis;
   Au ciel on voit de loin les voies lactées immenses.
Si le Bouvier s'enquiert du Dieu de Peste, dis,
   "Sa jouissance est passée comme nos souffrances!"

(2)

Au vent vernal les saules croissent par des mille,
   Nos six cent millions d'hommes sont tous Salomons.
La pluie d'or, comme on veut, se tourne en flot fertile
   Les monts verts, s'il le faut, se transforment en ponts.
Nos houes fendent le ciel en brisant les Cinq Crêtes;
   Nos bras remuent la terre en creusant trois canaux.
Où va la Peste? Qu'on brûle une barque faite
   De papier aux cierges pour son vol en haut!

le 1er juillet 1958

CHAO-CHAN REVISITÉ

Je maudis le passé d'il y a trente deux ans,
    Comme un rêve effacé, au lieu de ma naissance:
La main noire brandit le fouet de tyran;
    Le drapeau rouge souleva les serfs aux lances.
La mort de nos martyrs fait plus de coeurs de lion,
    Osant changer au ciel le soleil et la lune.
Heureux, je vois moisson onduler sur moisson,
    Et partout des héros de retour sur la brune.

                                    juin 1959

EN HAUT DU MONT LOU

Au bord du fleuve un mont dans le ciel se projette,
Quatre cents zigzags montent au verdoyant faîte.
On jette un coup d'oeil froid au monde d'outre-mer;
Le vent chaud chasse la pluie sur l'eau comme en l'air.
Les nues lient neuf cours d'eau où flotte Grue dorée;
Les flots arrosent trois pays blancs de fumée.
Où serait le préfet Tao Yuan-ming à présent?
Aux Pêchers Fleurissants cultivait-il le champ?

                                  le 1er juillet 1959

De la mort des martyrs nos coeurs sont renforcés,
    Osant changer au ciel le soleil et la lune.
Heureux, je vois moisson sur moisson ondulés,
    Et partout des héros de retour sur la brune.

UNE MILITIENNE
INSCRIPTION SUR UNE PHOTO

Brave et brillante, armée d'un fusil de cinq pieds,
   Dans le champ de manoeuvre, à l'aube à peine éclose.
Bien des filles chinoises ont l'esprit altier,
   Éprises d'uniforme au lieu de robe rose.

février 1961

RÉPONSE À UN AMI

Sur Neuf Monts Mystérieux planent les nuages blancs,
La Reine vient d'azur sur les ailes du vent.
Sa canne de bambou de mille pleurs semée,
Et sa robe à cent plis tissée de nues rosées.
Toung-ting blanchit d'écume, neige plein le ciel ;
L'Île Longue frémit aux refrains des mortels.
Cela me fait rêver de plus d'ampleur encore :
Le Pays de Lotus tout doré dans l'aurore.

1961

LA GROTTE DU GÉNIE
INSCRIPTION SUR LA PHOTO PRISE
PAR LA CAMARADE LI TCHIN

Vus aux vagues lueurs du soir, les pins vigoureux
Sont calmes quand la nue passe vite près d'eux.
La Grotte du Génie est l'oeuvre naturelle;
La vue du pic altier est infiniment belle.

le 9e septembre 1961

RÉPONSE AU CAMARADE KOUO MO-JO

Sitôt que sur la terre éclata la tempête,
Il naquit un Esprit de la blanche squelette.
Enseignable serait le Moine, quoique sot;
Diabolique, l'Esprit serait un grand fléau.
Le Singe d'or brandit son bâton légendaire,
Et la voûte azurée fut purgée de poussière.
On salue aujourd'hui le grand Vainqueur des Maux,
Car, voilé de brouillard, l'Esprit vient de nouveau.

le 17e novembre 1961

ODE À LA FLEUR DE PRUNIER

Le printemps est parti par le vent et la pluie,
    Son retour accueilli par la neige en flocons.
    Quoique le rocher de cent pieds soit couvert
        de glaçons,
Une fleur douce et belle est encore épanouie.

Bien que belle, elle ne prétend pas au printemps,
    Ne faisant qu'annoncer son arrivée.
    Quand les monts se seront couverts de fleurs
        diaprées,
Elle paraîtra au milieu, tout en souriant.

                          décembre 1961

LA NUE D'HIVER

La nue vole, accablée de neige, coton blanc,
Mille fleurs sont tombées, peu s'ouvrent pour un temps.
Au fond du ciel les vagues de froid roulent raide;
Sur la vaste terre un faible vent se fait tiède.
Seul un héros peut vaincre tigre et léopard;
Nul brave homme n'a peur de l'ours ou brun ou noir.
De neige plein le ciel le prunier est tout ivre;
Rien d'étonnant qu'alors la mouche ne peut vivre.

                    le 26e décembre 1962

RÉPONSE AU CAMARADE KOUO MO-JO

Sur notre globe tout petit
Quelques mouches se heurtent contre un mur de brique,

Poussant des cris
Tantôt douloureux,
Tantôt spasmodiques.

La fourmi vantait comme un grand pays le robinier.
L'éphémère pouvait-il secouer un prunier?

À Tchang-an au vent d'ouest tombent les feuilles sèches,
Sifflent une volée de flèches.

Combien à faire!
Et tous urgents!
Tourne la terre;
Presse le temps.

C'est trop long que dix millénaires.
Il faut saisir l'instant.

Les quatre mers bouleversées par nues et flots furieux;
Les cinq continents ébranlés par l'orage impétueux.

Balayons toutes vermines nuisibles!
Toujours irrésistibles!

le 9ᵉ janvier 1963

RETOUR AU MONT KING-KANG

J'aspire à l'ascension des nues depuis longtemps,
Aussi remonté-je en haut du mont King-kang.

Je retrouve après un très long voyage
Mon ancien séjour au nouveau visage.

Partout danse d'hirondelle et chant de loriot,
Là-bas murmurent des ruisseaux,
Là-haut la route mène aux nues.

Houang-yang-kai une fois surmonté, il n'y a plus
De lieu périlleux qui puisse arrêter la vue.

    L'orage gronde,
    Drapeaux flottant:
    Voilà le monde.

Déjà sont passés trente-huit ans
Comme une chiquenaude est donnée.

On peut cueillir la lune en haut de l'Empyrée
Ou prendre les tortues au fond des océans
Et rentrer en triomphe parmi rire et chant.

Rien d'impossible sous les cieux
Pour qui gravirait de son mieux.

                         mai 1965

Là-haut la route se perd dans la nue.

Par-delà Houang-yang-kai, il n'y a plus
De lieu périlleux qui puisse éblouir la vue.

Et rentrer en triomphe dans les rire et chant.

DIALOGUE D'OISEAUX

Le rock déploie ses ailes
    Et s'élève à dix mille lieues,
Soulevant cyclone et trombe pêle-mêle.

Il regarde en bas, portant sur le dos l'azur,
Et voit partout sur la terre muraille et mur.

Le ciel léché par les feux,
    Le sol parsemé de cratères,
Le moineau dans son buisson a une peur bleue.

    "Hélas! Que faire?
Je veux m'envoler et me sauver."

"Où veux-tu donc aller?"
    Le moineau de répondre,
"Au mont des fées à tours d'ivoire.

    "Ne sais-tu pas qu'on venait de pondre
Quand la lune automnale était en pleine gloire
    Il y a deux ans, un pacte tripartite?

"Et puis, il y a de quoi manger:
    Des pommes de terre bien cuites
En plus du boeuf à point."

"Ferme ton bec! Ne vois-tu point
Que le monde sera bouleversé?"

                            automne 1965

Soulevant une trombe exceptionnelle.

Le ciel embrasé par les feux,
    La terre grêlée de cratères,
Le moineau dans son buisson a grand peur.

"Voilà la fin du monde. Hélas! que faire?
    Partons à tire-d'aile!"

Comment ne sais-tu pas qu'on venait de pondre,

Outre du boeuf à point."

Que le monde est bouleversé?"

TCHANGCHA

Debout tout seul, par le froid de l'automne,
    Au cap de l'île des Oranges que
Le fleuve Siang coulant au nord couronne,

Je vois rougir les mille monts
    Aux bois teintés et rangés en assises;
Sur le fleuve vert jusqu'au fond
    Cent voiles de vitesse rivalisent.

Les aigles fendent l'azur infini,
    Les poissons glissent dans l'eau claire:
En automne tous êtres s'en donnent à l'envi.

    Touché d'immensité,
Je me demande, sur la vieille, vaste terre,
    Qui tient le sort d'humanité.

Avec maints compagnons je visitais ce lieu.
Que de jours saillants au temps vieux!

Copains d'école à la fleur de l'âge,
    En floraison d'esprit brillant,
Nous critiquâmes à la rage,
    Pleins de fougue de l'étudiant.

    Montrant nos rive et champ du doigt,
Louant et blâmant par écrit,
Nous fîmes fi de tous potentats de jadis.

    Ne vous souvient-il pas
Qu'à mi-fleuve les vagues soulevées
Ont entravé les barques en volée?

                             le 18 avril 1976

Je vois flamboyer mille monts
   Aux bois teintés et étagés,
Sur le fleuve vert jusqu'au fond
   Cent voiles en rivalité.

   Montrant le beau pays du doigt,
Semant des écrits incendiaires,
Nous fîmes fi de tous potentats de naguères.

TCHANGCHA

Seul, debout par le froid d'automne,
    Au cap de l'île des Oranges
Que le fleuve Siang fuyant vers le nord couronne,

Je vois sur mille monts teintés de rouge
    Les bois qui étage par étage se rangent;
Sur les vastes eaux, verte transparence,
Cent bateaux filent dans leur concurrence.

Les aigles fendent l'infini des nues,
Les poissons de voler au fond des eaux ténues:
    Tous êtres en automne à leur aise s'en donnent.

    Saisi de cette immensité,
J'interroge la terre en sa vague étendue,
    Quel maître tient le sort de l'humanité?

Avec maints compagnons ici j'étais venu;
Que de jours étonnants au temps jadis vécus!

Copains d'école à la fleur de l'âge,
    En floraison d'esprit brillant,
Nous critiquions tout à la rage,
    Pleins de fougue de l'étudiant.

Nous montrions du doigt nos champs, nos rivages,
Nos cris et nos bravos s'exhalaient en ouvrages,
    Comptant comme poussière tous nos potentats.

    Ne vous souvient-il pas
Qu'au milieu du courant les vagues soulevées
Ont entravé les barques en volée?   (le 3 mai 1976)

Je vois sur mille monts teintés
De rouge les bois étagés;

LA TOUR DE LA GRUE DORÉE

Neuf cours d'eau vont au coeur du pays à pleins bords ;
Une ligne infinie joint le sud et le nord.
Les brume et bruine brouillent notre vue,
Le grand fleuve est étreint par Serpent et Tortue.

La grue dorée s'en est allée on ne sait où,
Laissant aux visiteurs un lieu de rendez-vous.
J'arrose de mon vin l'eau torrentielle,
Un flot dans mon coeur monte plus haut qu'elle.

le 19 avril 1967

LE MONT KING-KANG

Les drapeau et bannière en vue au bas du mont,
Les tambour et clairon en haut mêlent leurs sons.
Assiégés par les rangs ennemis innombrables,
Quand même nous restons inébranlables.

Depuis longtemps sont fortifiées nos citadelles,
La volonté de tous fait muraille nouvelle.
Autour de Houang-yang-kai le canon retentit,
Annonçant la fuite nocturne d'ennemi.

le 18 avril 1967

Neuf cours d'eau coul'nt au coeur dy pays à pleins
   bords;

   Qui sait où est allée la grue dorée,
   Laissant aux visiteurs la tour vidée?
   J'arrose de vin les flots impétueux,
   Un flot dans mon coeur s'élève avec eux.

LE PAVILLON DE LA GRUE JAUNE

Immenses Neuf Cours d'eau vont à travers la Chine,
    Profondément la ligne unit au nord le sud.
Sur le vaste Yangtsé où flottent brume et bruine,
    Veille le mont Serpent avec le mont Tortue.

La Grue jaune est partie, allant on ne sait où,
Laissant aux visiteurs un lieu de rendez-vous.
J'arrose de mon vin l'eau torrentielle,
Dans mon coeur un flot monte aussi haut qu'elle.

                                  le 3 mai 1976

LE MONT TSINKANG

Les drapeau et bannière en vue au bas du mont,
Les tambour et clairon en haut mêlent leurs sons.
L'ennemi met sur nous tenaille sur tenaille,
Toujours inébranlables nous tenons.

Outre les rangs parfaits à l'égal des murailles,
La volonté de tous nous sert de bastion.
Autour de Houangyangkié le canon retentit,
Annonçant la fuite nocturne d'ennemi.

                                  le 3 mai 1976

LA GUERRE ENTRE LES BARONS

Un orage éclate soudain:
    Les barons rallument la guerre,
Semant au monde rien que du chagrin:
    Encore un rêve éphémère.

Nos drapeaux ont franchi le fleuve Tine
    Et avancent vers Leung-yen et Chang-hang.
Remis en main un coin doré de Chine,
    On s'occupe de répartir les champs.

                              le 20 avril 1976

LA FETE DU DOUBLE NEUF

L'âge se montre moins sur le ciel que sur l'homme:
    Le Double Neuf vient tous les ans.
    Au Double Neuf où nous sommes,
De fleurs jaunes le champ de bataille est fragrant.

Annuellement l'automne règne au vent rapide,
    Différent du printemps.
    Encore plus splendide,
L'infini paysage de givre est tout blanc.

                              le 20 avril 1976

LE JOUR DE L'AN

De Ning-houa à Tsing-liéou puis à Kouei-houa,
Forêts profondes, mousses glissantes, sentiers étroits.
    Et où allons-nous aujourd'hui?
Tout droit au pied du mont Wou-yi en bas.
      En bas, en bas,
Comme un tableau le vent déploie ces drapeaux rouges là.

                                     le 20 avril 1976

AU COURS DE LA MARCHE SUR KOUANG-TCHANG

        Le ciel tout blanc,
Dans la neige l'armée marche plus ardemment.
        Des pics en haut,
(Le drapeau rouge au vent, elle franchit le col.)
On franchit le col, au vent flottant nos drapeaux.
        Où va cette colonne?
Vers le fleuve Kan où la neige tourbillonne.
        L'ordre hier donné,
Sur Ki-an marchent cent mille serfs et ouvriers.

                                     le 20 avril 1976

Où dirigeons-nous aujourd'hui nos pas?

Le drapeau rouge au vent comme un tableau s' déploie.

Sous des pics élevés
Le drapeau rouge au vent franchit le défilé.

L'ordre donné hier,
Sur Ki-an marchent cent mille serfs et ouvriers.

DE TING-TCHEOU À TCHANGCHA

L'armée celeste en juin châtie les dépravés,
Prête à lier le rock de cordes de mille pieds.
Un coin au delà du fleuve Kan flamboie
Grâce à l'aile d'armée que Houang Koung-lué déploie.

Balayant le Kiangsi, paysans et ouvriers
Se ruent par millions sur les Hounan et Houpé.
Nous chantons l'émouvante "Internationale",
Pour nous s'abat du ciel une forte rafale.

le 22 avril 1976

LA LUTTE CONTRE LE PREMIER "ENCIRCLEMENT"

Les bois rouges de givre éblouissent la vue,
Le courroux des guerriers celestes fend la nue.
Loung-kang voilé de brume et ses (mille) pics assombris,
    D'une voix on s'écrie,
"Par nos gens en avant Tchang Houei-tsan est pris!"

Au Kiangsi viennent deux cent mille gens de guerre,
Soulevant à mi-ciel flot sur flot de poussière.
Paysans et ouvriers s'insurgent par millions,
    Leurs coeurs à l'unisson,
Le mont Pilier voit nos drapeaux en tourbillon.

le 22 avril 1976

Aux refrains émouvant de "l'Internationale",

Le ciel givré s'embrase des forêts touffues,
Le courroux des guerriers celestes fend les nues.

"Par nos gens en avant Tchang Houei-tsan même est pris!"

Au Kiangsi reviennent deux cent mill' gens de guerre,

LA LUTTE CONTRE LE SECOND "ENCIRCLEMENT"

En haut du mont Nue Blanch' la nue veut se dresser;
En bas du mont Nue Blanche on crie de se presser.
Une forêt de fusils, arbres desséchés,
        S'efforce d'approcher,
Sur eux s'abattent des nues nos guerriers ailés.

Ayant en quinze jours parcouru sept cents lis
Du fleuve Kan pâli aux monts Foukien verdis,
On a fait table rase de mille ennemis.
        Quelqu'un gémit:
"A quoi bon les bastions en échelons bâtis!"

                            le 22 avril 1976

AUX GRANDS CYPRÈS

Rouge, orangé, jaune, vert, bleu, indigo, violet:
Qui danse au ciel avec ce ruban diapré?
Après la pluie paraît le soleil qui décline,
Flots sur flots d'un vert bleu s'exhalent des collines.

Jadis il y eut ici un combat acharné,
Par les balles le mur de hameau fut criblé.
Décorés de ces traces, les monts au passage
Paraissent aujourd'hui embellis davantage.

                            le 23 avril 1976

A la fin de la pluie, au soleil qui décline,
La montagne s'exhale en flots d'aigue-marine.

JOUR DE L'AN

Ninghoua! Tsinglieou! Koueihoua!
Forêts profondes, mousses glissantes, sentiers étroits.
Où dirigeons-nous aujourd'hui nos pas?
Tout droit au pied du mont Wouyi, en bas.
En bas, en bas,
Les drapeaux rouges au vent comme un tableau se déploient

                                      le 4 mai 1976

TAPOTI

Rouge, orangé, jaune, vert, bleu, indigo, violet:
Qui danse dans le ciel avec ce ruban diapré?
A la fin de la pluie, au soleil qui décline,
La montagne s'exhale en flots d'aigue-marine.

En ce lieu s'engagea jadis un combat dur;
Les obus ont troué de ce village les murs.
Un bien bel ornement pour le mont et passage;
Aujourd'hui leur beauté en paraît davantage.

                                      le 4 mai 1976

HOUI-TCHANG

L'aube va blanchir l'horizon.
    Ne dites pas qu'on part de trop bonne heure.
Nous avons parcouru sans vieillir tous ces monts,
    La vue d'ici est on ne peut meilleure.

Au-delà de Houi-tchang les pics ondoient
    Et s'étendent jusqu'à la mer d'orient.
Nos guerriers se montrent le sud et voient
    Le Kouangtoung plus sombre et plus verdoyant.

                      le 23 avril 1976

LE DÉFILÉ DU MONT LEOU

Au vaste ciel le vent de l'ouest fait rage,
La lune à l'aube frissonne au chant d'oies sauvages.
    Sous la lune à l'aube
    Vifs les pieds des chevaux,
    Les clairons en sanglots.

Ne craignez pas la forteresse cuirassée!
Maintenant à grands pas la voilà surmontée.
    La voilà surmontée,
    Les monts sont verts comme une mer
    Et le couchant est tout en sang. (rouge de sang)

                      le 24 avril 1976

Au fond du ciel le vent d'ouest est violent;
　　L'oie sauvage crie sous la lune matinale.
　　　　Sous la lune matinale
Les chevaux trottent à pas lents,
　　Le clairon des soupirs exhale.

HOUEITCHANG

Le jour veut poindre à l'horizon,
    Ne dites pas qu'on est parti de trop bonne heure.
L'homme n'est point vieilli, parcourus tant de monts.
    Le paysage d'ici sans pareil demeure.

Au-delà de Houeitchang, les pic ondoient
    Et s'allongent jusqu'à la mer d'orient.
Les combattants se montrent le sud et voient
    Le Kouangtoung plus doux et plus florissant.

                          le 5 mai 1976

LE DEFILE DE LEOUCHAN

Au fond du ciel le vent de l'ouest souffle violent:
    L'oie sauvage crie sous la lune matinale.
        Sous la lune matinale
Les chevaux trottent à pas lents,
    Le clairon des soupirs exhale.

Ne croyez pas que de défilé soit de fer.
    A grands pas le voilà surmonté maintenant.
        Surmontés maintenant,
Ces monts sont verts comme une mer;
    Et le couchant rouge de sang.

                          le 5 mai 1976

TROIS POÈMES À SEIZE MOTS

(1)

Montagnes!
Je fouette mon coursier sans quitter les étriers,
Tournant les yeux,
Surpris de toucher les cieux.

(2)

Montagnes,
Enormes vagues dans une mer démontée,
Myriades de coursiers
Galopant dans une bataille acharnée.

(3)

Montagnes
Perçant la voûte azurée sans s'ébrécher,
Le ciel tomberait
Sans le soutien de ces piliers.

                              nov. 1972

TROIS PETITS POÈMES

(1)

Des montagnes!
Je fouette mon coursier, étant toujours en selle.
Je me retourne; surprise!
Je suis à trois pieds trois pouces du ciel.

(2)

Des montagnes!
Quels fleuves en fureur, quelles mers démontées!
Lancés dans leur course,
Des milliers de chevaux en font leur volupté.

(3)

Des montagnes
Perçant la voûte azurée sans s'ébrécher,
Le ciel tomberait
Sans le soutien de ces piliers.

nov. 1972

LA LONGUE MARCHE

L'Armée Rouge n'a pas peur des longues campagnes:
C'est peu que mille fleuves et mille montagnes.
Les Cinq Chaînes ondulent comme rides d'eau;
Les pics Wou-meng pompeux ressemblent aux monceaux.
L'eau du Sable d'Or chauff' les rocs perçant les nues;
L'air gèle au Ta-tou le pont en chaînes tendues.
Ravies de voir le mont Min neigeux sur mille li,
(Ravies de voir le mont Min de neige blanchi,)
Les trois armées rayonnent après l'avoir franchi.

                                        le 24 avril 1976

LE MONT À SIX DETOURS

Le ciel est haut et claires sont les nues,
Les oies sauvages volent au sud hors de vue.
      Nul n'est homme qui vaille
         A moins d'atteindre la Grande Muraille;
On compte trois mille lieues parcourues.

Après les six détours, au pic du mont,
      Le drapeau rouge ondoie au vent de l'ouest.
Aujourd'hui on a en main le cordage long,
Quand capturera-t-on le vieux Dragon?

                                        le 24 avril 1976

Le ciel est haut, claire est la nue,

Après les six détours, au pic du mont,
    Le drapeau rouge ondoie au vent
    De l'occident.

LA LONGUE MARCHE

L'Armée Rouge n'a pas peur des longues campagnes:
C'est peu que mille fleuves et mille montagnes.
Les Cinq Chaînes, pour nous, rides de fine houle,
Woumeng le colossal à dévaler en boule.
Le Sable d'Or chauffant ses roches flagellées,
Tatou tendu d'un pont tout en chaînes gelées,
Ravies de voir Mont Min neigeux sur mille lis,
Les trois armées rayonn'nt après l'avoir franchi.

          le 6 mai 1976

LE MONT À SIX DÉTOURS

Le ciel est haut, la nue pâlit,
L'oeil poursuit l'oie sauvage vers le sud infini.
  On n'est point homme qui vaille
    A moins d'atteindre la Grande Muraille;
On compte une marche de vingt mille lis.

Après les six détours, sur la cime du mont,
  Notre bannière flotte au gré du vent de l'ouest.
Aujourd'hui on tient en main le cordage long;
Quel jour ligotons-nous le vert Dragon?

          le 6 mai 1976

LE MONT KOUEN-LOUEN

Allongé en l'air, dominant la terre,
    Kouen-louen le géant,
Vous avez vu toutes les beautés printanières.

Trois millions de blancs dragons de jade volants,
    Vous avez transi le ciel entier.

En été votre neige fond
    Et déborde les fleuves et rivières,
L'homme serait en proie aux tortues et poissons.

De vos bienfaits et méfaits millénaires,
    Que dirait-on?

Maintenant je vous dis, Kouen-louen;
    N'ayez ni pics si hauts
Ni cimes si neigeuses!

Puissé-je, m'appuyant au ciel le dos,
    Tirer l'épée précieuse
Pour vous couper en trois tronçons égaux!

J'en donnerais un à l'Europe,
    Un autre à l'Amérique
Et le reste aux pays orientaux.

    Que sur un globe pacifique
Tout le monde ait même part de froid et de chaud!

                                    le 25 avril 1976

    Trois millions de dragons volants de jade blanc,
Vous avez transi la voûte azurée entière.

Sur vos bienfaits et méfaits millénaires,
    Qui donc aurait porté le moindre jugement?

LA NEIGE

Quelle vue aux pays du Nord:
    Cent lieues de glace scellées,
    Mille lieues de neige en volée!

De la Grande Muraille, en dedans, en dehors,
    Rien qu'une immense blanche étendue;
Le long du fleuve Jaune, en amont, en aval,
    Plus de flots impétueux en vue.

Montagnes, serpents argentés qui dansent,
Plateaux, éléphants de cire qu'on lance,
    Tous essaient d'égaler le Ciel en hauteur.

    Par un jour de soleil,
Voir la beauté s'épanouir sous la blancheur,
    Enchantement sans pareil.

La Patrie est si charmante et belle
Que nombreux héros s'inclinaient devant elle.

Mais Tchin Houang et Han Wou
    Manquaient un peu d'esprit;
Et Tang Tsoung et Soung Tsou
    N'étaient pas forts en écrit.

Gengis Khan, orgueil de son temps,
Ne savait que tirer son arc sur l'aigle grand.

    Mais ils sont tous passés;
Les vraiment brillants personnages
Sont ceux qui créent notre âge.

                                le 26 avril 1976

Voyez la beauté s'épanouir sous la blancheur,

NEIGE

Paysage du Nord:
    Mille lis de glace scellés,
    Dix mille lis de neige en volée.

De la Grande Muraille, au dedans, au dehors,
    Rien qu'une immense blanche étendue;
Le long du fleuve Jaune, en amont, en aval,
    Plus de flots impétueux en vue.

Montagnes, serpents argentés qui dansent,
Plateaux, éléphants de cire qu'on lance,
    Ils veulent égaler le ciel en hauteur.

    Par un jour de soleil,
Voir la beauté s'épanouir sous la blancheur,
    Enchantement sans pareil.

Si charmant est notre pays
Que nombreux héros se courbaient à l'envi.

Dommage qu'à Tsin Chehouang comme à Han Wouti,
    Il manquât un peu d'esprit,
Que Tang Taitsoung et Soung Taitsou
    N'eussent aux lettres plus de goût.

En son temps fils chéri du Ciel, Gengis Khan,
Ne savait que bander l'arc sur l'aigle géant.

    Tout cela est passé.
Pour trouver des hommes vraiment grands,
Regardons plutôt le présent.

                                  le 7 mai 1976

L'OCCUPATION DE NANKIN

Dans l'orage le mont Pourpre a pris couleur neuve:
Un million de guerriers ont franchi le grand Fleuve.
Tigre assis et Dragon lové jamais si forts;
Terre et ciel transformés, quels triomphe et transport!
Poursuivez les vaincus d'un' force inépuisée;
Méprisez le Vainqueur ivre de renommée!
Un ciel attendri se ferait bientôt vieux;
La loi du monde c'est qu'il tournerait à mieux.

le 28 avril 1976

À M. LIEOU YA-TSÉ

J'ai gardé de Canton le souvenir du thé
  Et des vers de Tchoungking sous les feuilles jaunies.
Après trente et un ans je revois la cité
  Et en défloraison lis votre oeuvre jolie.
Ne vous plaignez pas tant à vous briser le coeur.
  Il faut voir largement quant aux choses du monde.
Queique le lac Kouenming manque de profondeur,
  Mieux que le Printemps Riche, en poissons il abonde.

le 28 avril 1976

La loi du monde c'est qu'il tournerait en mieux.

Plus que le Printemps Riche, en poissons il abonde.

RÉPONSE À M. LIEOU YA-TSÉ

La nuit baigna nos cieux d'or à n'en plus finir:
En cent ans les démons dansèrent à ravir;
Cinq cent millions d'âmes eurent soif de s'unir.

Au chant du coq jaillit la lumière au monde,
A Khotan comme ailleurs la gaie musique abonde,
Les poètes en verve on ne peut plus féconde.

le 28 avril 1976

AU BORD DE LA MER

Une pluie diluvienne tombe sur Yeou-yen,
    Les vagues blanches à l'assaut des nues;
Les barques de pêcheur de Tsin-houang-tao s'en vont.
    Sur l'empire des ondes on les perd de vue.
    Qui sait où elles sont?

Il y a près de deux millénaires
    Wé Wou vint à l'est à cheval,
Laissant des vers sur sa visite au mont de Pierre.
    De nouveau il souffle un triste vent automnal,
Mais différente est notre terre.

le 28 avril 1976

La nuit noya nos cieux d'or à n'en plus finir:

Au chant du coq jaillit la lumièr' dans le monde,

Une pluie diluvienne tombe au septentrion,

LA NAGE

A peine à Tchangcha de l'eau bue,
Je mange à Woutchang du poisson.

Sous le ciel du Sud clair à perte de vue,
Je nage à travers le fleuve de mille lieues de long.

En fendant flot et vent, j'éprouve
    Plus de plaisir que dans un tour
    Fait à loisir   dans une cour;
Aujourd'hui libre je me trouve.

Le Maître sur un fleuve dit,
    "Tout passe ainsi!"

Les mâts s'agitent dans le vent,
Calmes sont Tortue et Serpent;
    On projette de grands ouvrages:

Un pont en vol qui sud et nord unit,
Faisant de la faille infranchissable un passage;

Et des murs de pierre en amont bâtis,
    Arrêtant du mont Sorcier pluie et nuage,
Formant aux gorges escarpées un lac uni.

La Déesse qui jouirait de bonne santé
S'étonnerait d'un monde tout changé.

                                                    le 29 avril 1976

J'ai pris à Tchangcha du breuvage
    Et puis à Woutchang du poisson.

Je traverse à la nage
    Le grand fleuve de mille lieues de long;
Aussi loin que mes yeux voient,
    Les cieux du Sud se déploient.

    Les voiles vont au vent,
    Pas Tortue ni Serpent;
    On voit de grands ouvrages:

LES IMMORTELS
RÉPONSE À LI CHOU-YI

Tu as perdu ton Saule et moi mon fier Peuplier,
Et leurs âmes s'envolent droit à l'Empyrée.
    Qu'a le Bûcheron pour leur faire accueil?
Il leur apporte un nectar de cassier.

Céléné solitaire aux manches déployées
Danse au ciel infini pour ces âmes dévouées.
    Apprenant que le Tigre est vaincu sur la terre,
Tout d'un coup se répandent leurs pleurs en ondée.

le 29 avril 1976

CHAO-CHAN REVISITÉ

Je maudis le passé d'il y a trente deux ans,
    Comme un rêve effacé, au lieu de ma naissance:
Les mains noires brandirent le fouet de tyran;
    Le drapeau rouge souleva les serfs aux lances.
Par la mort des martyrs nos coeurs sont renforcés,
    Résolus à changer au ciel soleil et lune.
Heureux je vois moisson sur moisson ondulés
    Et partout des héros de retour sur la brune.

le 29 avril 1976

Il leur apporte un nectar de laurier.
La Déess' solitaire aux manches déployée

ADIEU, PESTE!

(1)

Il y avait tant d'eaux bleues et de monts verts en vain:
　Contre un ver tout petit ne put rien le grand mire.
Dans cent hameaux herbus se minaient les humains;
　Sous mille toits vidés chantaient bien des vampires.
Sur terre on va par jour quatre-vingt mille lis;
　Au Ciel on voit de loin les mille voies lactées.
Si le Bouvier s'enquiert du Dieu de Peste, dis:
　"Ses peine et joie s'en vont comme l'eau écoulée."

(2)

Au vent vernal les saules croissent par dix mille,
　Nos six cent millions d'âmes sont tous Salomons.
La pluie d'or, comme on veut, se tourne en flot fertile;
　Les monts verts, s'il le faut, se transforment en ponts.
Nos pics fendent le ciel en brisant les Cinq Crêtes;
　Nos bras remuent la terre en creusant trois canaux.
Où va la peste? Qu'on brûle une barque faite
　De papier et des cierges pour son vol en haut!

　　　　　　　　　　　　　　le 30 avril 1976

ans cent hameaux herbus se minaient tant d'humains ;
Sous mille toits vidés chantaient tant de vampires.

EN RENVOYANT LE DIEU DE LA PESTE

(1)

Que servaient tant de flots d'azur, tant de monts verts,
Quand Houa Toh ne put rien contre un tout petit ver?
Dans cent hameaux herbus s'étiolaient tant d'hommes;
Sous mille toits vidés chantaient tant de fantômes.
La terre fait par jour quatre-vingt mille lis;
   Le ciel offre au regard les mille Voies lactées.
Si le Bouvier s'enquiert du dieu de la Peste, dis:
   "Ses peine et joie s'en vont comme l'eau écoulée."

(2)

Au vent vernal croissent les saules par milliers:
Tous des Yao, tous des Chouen, nos six cent millions
   d'âmes.
La pluie rouge, à loisir, s'épanouit en lames;
Les monts verts, à nos ponts, se prêtent en piliers.
Du ciel, les pics d'argent sur les cimes retombent;
Les rives, en tremblant aux bras de fer succombent.
Où donc veux-tu courir, ô dieu pestilentiel?
Cierge et barque en papier mettent le feu au ciel.

                                  le 10 mai 1976

EN HAUT DU MONT LOU

Au bord du fleuve un mont dans le ciel se projette,
Quatre cents zigzags montent au verdoyant faîte.
On jette un coup d'oeil froid au monde d'outre-mer;
Le vent chaud sème la pluie sur l'eau comme en l'air.
Les nues voilent neuf cours d'eau et la grue dorée;
Les flots baignent trois vallées à blanches fumées.
Où serait Tao Yuan-ming le poète à présent?
Aux Pêchers Fleuris cultiverait-il le champ?

                                               le 30 avril 1976

UNE MILITIENNE

Brave et brillante, armée d'un fusil de cinq pieds,
    Dans le champ de manoeuvre, à l'aube à peine éclose.
Bien des filles chinoises ont l'esprit altier,
    Eprises d'uniforme au lieu de robe rose.

LA GROTTE DU GENIE

Vus aux vagues lueurs du soir, les pins vigoureux
Sont calmes quand la nuée passe vite près d'eux.
La Grotte du Génie est oeuvre naturelle;
La vue du pic dang'reux est infiniment belle.

                                               novembre 1972

RÉPONSE À UN AMI

Sur neuf monts Mystérieux volent les nuages blancs;
Les Soeurs viennent d'en haut sur les ailes du vent,
Leur canne de bambou de larmes émaillée,
Leurs robes à cent plis faites de nues rosées.
Toung-ting blanchit d'écume, neige plein les cieux;
Le Long îlot frémit aux chants des jeune et vieux.
A cette vue, j'ai un rêve plus grand encore:
Le Pays de Lotus tout doré dans l'aurore.

                                                le 1er mai 1976

RÉPONSE AU CAMARADE KOUO MO-JO

Sitôt que sur la terre éclata la tempête,
Il naquit un Esprit de la blanche squelette.
Le Moine serait détrompé quoiqu'il fût sot,
Mais l'Esprit malfaisant répandrait un fléau.
Le Singe d'Or brandit son bâton légendaire,
Et la voûte azurée fut purgée de poussière.
On salue aujourd'hui le grand Vainqueur des Maux,
Car, voilé de brouillard, l'Esprit vient de nouveau.

                                                le 1er mai 1976

ODE À LA FLEUR DE PRUNIER

Le printemps est parti par le vent et la pluie;
    Son retour est accueilli par la neige en vol.
    Le glacier de montagne surplombe le sol,
Une fleur douce et belle est encore épanouie.

    La fleur n'est pas envieuse, quoique belle,
Ne faisant qu'annoncer l'arrivée du printemps.
Quand le mont de cent fleurs deviendra éblouissant,
    Elle sera souriante au milieu d'elles.

                                le 1er mai 1976

LA NUE D'HIVER

La nue vole, accablée de neige, coton blanc,
Mille fleurs sont tombées, peu s'ouvrent pour un temps.
En haut les roulantes vagues de froid se hâtent;
En bas un naissant orage au vent chaud éclate.
Seul un héros peut vaincre tigre et léopard;
Jamais brave homme n'a peur des ours brun ou noir.
De neige plein le ciel la fleur de prunier rêve;
Rien d'étonnant que de grand froid la mouche crève.

                                le 1er mai 1976

Au fond du ciel les vagues de froid roulent raide;
Sur la vaste terre un faible vent se fait tiède.

Nul brave homme n'a peur de l'ours ou brun ou noir.
De neige plein le ciel le prunier est tout ivre;
Rien d'étonnant qu'alors la mouche ne peut vivre.

LE FLEUVE TOUT ROUGE

Sur notre globe tout petit
Quelques mouches se heurtent contre un mur de briques,

Poussant des cris
Tantôt douleureux,
Tantôt spasmodiques.

La fourmi se vantait de son grand robinier;
L'éphémère ne pouvait secouer un prunier.

À Tchangan au vent d'ouest tombent les feuilles sèches,
Sifflent une volée de flèches.

Combien d'affaires
Pressent toujours!
Tourne la terre,
Le temps est court.

C'est trop long que dix millénaires;
Il faut saisir le jour.

Les quatre mers remuées par nues et flots furieux;
Les cinq continents secoués par l'orage impétueux.

Balayons toutes vermines nuisibles,
Toujours irrésistibles!

le 1er mai 1976

Une volée siffle de flèches.